AF315526

FACULTÉ DE DROIT DE TOULOUSE

DÉPOT LÉGAL
H.te Garonne
221
1858

THÈSE

POUR

LA LICENCE

TOULOUSE

Imprimerie **Bayret, Pradel & C**ᵉ, place de la Trinité, 12.

FACULTÉ DE DROIT DE TOULOUSE.

THÈSE

POUR

LA LICENCE

SOUTENUE

EN EXÉCUTION DE L'ARTICLE 4, TITRE 2, DE LA LOI DU 22 VENTÔSE AN XII,

Par M. DUFOUR (Ernest),

Né à Astaffort (Lot-et-Garonne).

TOULOUSE

IMPRIMERIE BAYRET, PRADEL ET C°,

Place de la Trinité, 12.

1858

A MES PARENTS.

A tous ceux qui me sont chers.

C.

JUS ROMANUM.

De novationibus et delegationibus.

DIG., Lib. xlvi, Tit. 2. — INST. JUST., Lib. iii, Tit. 29, § 8.

De novationibus.

Novatio est prioris debiti in aliam obligationem vel civilem, vel naturalem transfusio atque translatio : hoc est, quum ex præcedenti causâ ita nova constituatur ut prior perimatur. Cum hæc novatio variis modis fieri potest et multis effectibus circumdatur in quatuor partes hanc materiam dividere statui. 1° Exponam, de duplici obligatione quarum una per alteram novatur; 2° quemadmodum fiat novatio ; 3° novationis forma ; 4° qui sint novationis effectus.

CAPUT I.

De duplici obligatione quarum una per alteram novatur.

Ex definitione novationis liquet eam existere non posse absque duabus obligationibus quarum altera in alteram transfundatur. Videre incipiamus quæ obligatio novari possit, deindè obligationem per quam prior novetur. Omnes res transire in novationem possunt. Quodcumque enim sive verbis contractum est, sive non verbis, novari potest, et transire in verborum obligationem et quâcumque obligatione. Illud non interest, qualis præcesserit obligatio, utrum naturalis, an civilis, an honoraria et utrum verbis, an re, an consensu. Qualiscumque igitur obligatio sit quæ præcessit, novari verbis potest; id est per hanc verborum conceptionem in quâ novationis forma consistit. Nec solum quæ pura est, sed et in diem obligatio novari potest et priusquam dies advenerit. Sed quidquid sub conditione debetur non item; quia obligatio novari non potest priusquam esse incipiat. Ante conditionis eventum, nulla nata erat obligatio.

CAPUT II.

Quemadmodum fiat novatio.

Novatio esse potest, seu mutatione creditoris, seu debitoris, seu rei ipsius quæ obligationem constituit. Cum fit novatio mutatione creditoris, trium consensus necessarius est : scilicet debitoris, debitoris prioris et alterius creditoris. Verum, in mutatione inutilis est prioris debitoris consensus, quia quisque alienum debitum solvere potest.

Nunc inspiciamus per quam obligationem prior novatur. Obligatio quælibet, quæ per stipulationem animo novandæ prioris obligationis factam contrahitur, priorem obligationem novat. (Dig., tit. 2, lib. xlvi, proe). Et ad hoc, illud unum sufficit scilicet, dummodò sequens obligatio aut civiliter teneat, aut naturaliter; ut puta, si pupillus sine tutoris auctoritate promiserit; ita eo casu quo locupletior factus non est ; nec naturalem quidem obligationem nasci censit Cujacius : unde sequitur novationem non posse hoc casu contingere.

Qui sub conditione stipulatur, non statim novat, nisi conditio exliterit ; nam ex substantiâ novationis est ut sint duæ obligationes.

Quis novare possit. — Cum sit novatio substitutio novi debiti in vicem veteris obligationis, ut valeat, non solum opportet ut possit creditor remittere obligationem quæ novatione tollenda est, sed etiam ut debitor habilis sit ad contrahendam novam obligationem in quam vetus translata sit. Cui rectè solvitur, is etiam novare potest, excepto eo si mihi aut Titio stipulatus sim, nam Titius novare non potest licet rectè ei solvitur. (Dig., lib. XLVI, tit. 2, lex 20.)

Non possunt igitur novare.

1° Pupillus sine tutoris auctoritate, quia novatio est prioris obligationis alienatio, et sine tutoris auctoritate alienare non potest. Tutor potest tamen si hoc pupillo expediat. (Lex 20, h. t.)

2° Adjectus solutionis gratiâ ;

3° Qui in potestate sunt. Item cui bonis interdictum est obligationem suam novare non potest, nisi meliorem suam conditionem fecerit. (Lib. XLVI, tit. 2, lex 3.)

CAPUT III.

Novationis forma.

Novatio fit per stipulationem, id est : *Spondes ne quod mihi Titius debet? spondeo.* Et stipulationem intelligimus utilem, non eam ex quâ ne naturalis quidem nasceretur obligatio, qualis esset illa quâ quis *alteri* stipularetur. Igitur, si id quod tu Titio debebas a servo stipulatus fuerit idem Titius, novatio non valet ; tu ergò manes in vinculis obligationis quæ non novata est. Ratio est quod servus rei promittendus forma contractus verbis esse non potest (Inst. Just., lib. III, tit. 29, § 3). Potestne novatio in aliis modis consistere veluti in obligatione re aut consensu. Exempla novationis re inveniuntur in Digestis (lib. XII, tit. 1, lex 15). Ad formam etiam novationis, maximè opportet ut animo novandi interponatur. Alioquin non fit novatio, sed posterior obligatio priori accedit.

CAPUT IV.

Qui sint novationis effectus.

Effectus novationis est, quod prior obligatio extinguitur, nullaque eo nomine superest actio. Quum per novationem extinguatur prior obligatio, « novatione legitimè factâ, liberantur hypothecæ, et pignus, usuræ non currunt. » (*De Nov. et de Leg.,* lex 18.) Creditor attamen potest hypothecas et pignora retinere ad posteriorem obligationem, consensu autem prioris creditoris.

Omnia hæc quæ usque nunc diximus pertinent ad novationem quæ vocatur *conventionalis* seu *volontaria,* quia nemo promittit invitus. Est enim alia novatio quæ vocatur necessaria. Gaïus ait : Tollitur adhuc obligatio litis contestatione, si modò legitimo judicio fuerit actum. Nam tunc obligatio principalis dissolvitur, incipit autem teneri reus litis contestatione : Sed si condemnatus sit, sublatâ litis contestatione, incipit ex causâ judicati teneri. Et hoc est quod apud veteres scriptum est. Ante litem contestatam dare debitorem opportere, post litem contestatam condemnari opportere, post condemnationem judicatum facere opportere. Litis contestatio et pignora et alia accessoria non tollit.

Prætoriæ actiones quæ annuales sunt in obligationem judicium solvendi novantur perpetuæque fiunt.

De Delegationibus.

Delegatio quædam est novatio quâ reus alium reum dat creditori. In purâ novatione, novus debitor obligationi accedere potest sine prioris rei consensu. Contrà, in delegatione, ab utroque debitore consensum dari opportet. Plerumque delegatus est delegantis debitor et propter ca duplex fit liberatio : inter creditorem et pristinum debitorem, et inter pristinum debitorem et novum. Hæc igitur manet obligatio inter creditorem et delegatum. Accidere etiam potest ut delegatus fiat ipse delegans et det creditori proprium debitorem : quâ in re tres adeunt liberationes. Plures quoque admitti possunt debitores, quorum ultimus tantummodò tenebitur.

Delegatio esse potest cùm delegatus non sit delegantis debitor et cùm delegationem accipiat animo donandi. Interdùm etiam obligatur delegatus veluti delegantis mandator, et hoc, cum creditori suspicio est delegatum non posse solvere obligationem. Etenim, accepta delegatione, creditor deleganti opponere nequit doli exceptionem aliasque hujus generis exceptiones. Si igitur debitor obligationem non solvat, nullam subsidiariam actionem adversus delegantem creditor exercere poterit. Quod ut vitetur, delegationem non accipit creditor nisi delegans delegato jubeat solvere. Quod propter mandatum non statim novatur obligatio, atque si debitum a delegato non solvatur, actionem mandati contrariam in delegantem intendet.

POSITIONES.

I. Novatione liberantur accessiones prioris obligationis : Non de litis contestatione.

II. Novatio fit stipulatione; potest ne fieri re aut consensu? — Potest.

CODE NAPOLÉON.

Des successions.

Liv. III, Art. 815 à 892.

Les lois sur les successions sont indispensables au maintien et à la conservation des sociétés ; sans elles, les biens du défunt laissés sans maître deviendraient la proie du premier occupant. Les créances du défunt ne seraient que de vaines promesses, puisqu'elles ne trouveraient personne qui pût les exercer ; la mort du débiteur enlèverait au créancier tout espoir de paiement. Par elles, au contraire, l'héritier continuateur de la personne du défunt devient propriétaire de tous ses biens, peut exercer tous ses droits ; mais aussi doit satisfaire à tous ses engagements. Les successions consolident le respect de la propriété, qui est la base la plus ferme du système social, et assure la perpétuité de son existence.

Le Code Napoléon examine, dans une première partie, les droits de succession (711 à 814); et dans une seconde, les partages et les rapports (815 à 892). Cette seconde partie seule est l'objet de cette thèse.

Elle traite successivement :

1o De l'action en partage et de sa forme ;

2o Des rapports ;

3o Du paiement des dettes ;

4o Des effets du partage et de la garantie des lots ;

5o De la rescision en matière de partage.

SECTION Ire.

De l'action en partage et de sa forme.

Le partage est la division qui se fait entre plusieurs personnes de biens ou effets qui leur appartiennent en commun, ou en qualité de co-héritiers, ou comme co-propriétaires, à quel titre que ce soit.

Tant que règne l'indivision, les co-héritiers ont un droit sur le tout comme sur chaque partie, mais un droit qui se trouve limité par la coexistence d'un droit semblable de la part des autres communistes. Aucun d'eux n'a une propriété spéciale exclusive de tel ou tel bien. On pourrait dire que l'opération du partage n'est qu'un échange dans lequel chacun des co-propriétaires abandonne à ses co-héritiers les droits qu'il a sur les portions que le sort attribue à ceux-ci, et reçoit en contre-échange les droits qu'ils avaient sur l'objet qui lui échoit.

L'indivision offrant de graves inconvénients, la loi déclare en principe que malgré toute convention contraire, chaque co-propriétaire peut toujours provoquer le partage des biens indivis (815).

Cependant, comme il peut être de l'intérêt des héritiers de différer le partage, la loi permet de le suspendre pendant un temps limité. Cette convention ne peut être obligatoire au-delà de cinq ans; mais elle peut être renouvelée (815). Si l'on était convenu de suspendre le partage pendant plus de cinq ans, la convention ne serait pas nulle; elle serait valable pour cinq années seulement. Pour être valable, la convention de suspendre le partage doit être faite entre tous les héritiers.

2

Il se présente ici une question assez controversée : La condition imposée par le testateur à ses institués de suspendre le partage pendant cinq années, est-elle valable? La négative est assez généralement admise. Cependant, un arrêt de la Cour de Cassation (20 janvier 1836) a résolu la question affirmativement.

S'il n'y a eu un acte de partage ou une possession suffisante pour acquérir la prescription, le partage peut être demandé, même quand l'un des co-héritiers aurait joui séparément des biens de la succession (816).

Le partage chez nous est déclaratif et non translatif de propriété. Cette doctrine est diamétralement opposée à celle des Romains.

De la qualité requise pour procéder au partage.

Pour procéder seul à un partage, il faut avoir la capacité voulue par la loi pour contracter; car, bien que par une fiction de la loi il ne soit que déclaratif, il contient cependant une aliénation véritable. Les co-héritiers doivent donc être capables d'aliéner, ou se conformer aux règles prescrites pour faire une aliénation en cas d'incapacité; ainsi :

Les mineurs non émancipés et les interdits sont représentés par le tuteur. Lorsque plusieurs mineurs, placés sous une même tutelle, ont dans le partage des intérêts opposés, on donne à chacun d'eux un tuteur spécial et particulier (838).

Le tuteur a besoin de l'autorisation du conseil de famille pour provoquer le partage; si la demande est dirigée contre lui, il peut y répondre seul (465).

Le mineur émancipé a besoin de l'assistance de son curateur. Les personnes pourvues d'un conseil judiciaire ont besoin de l'autorité de ce conseil.

Quant à la femme mariée, si elle est mariée sous le régime de la communauté, le mari peut provoquer, sans le concours de sa femme, le partage des biens échus qui tombent dans la communauté; à l'égard des objets qui ne tombent pas en communauté, le mari ne peut en provoquer le partage sans le concours de sa femme; il peut seulement, s'il a le droit de jouir de ces biens, demander un partage provisionnel (818). Si la femme

a des paraphernaux ou si elle est séparée de biens, le mari n'étant pas
usufruitier ne peut demander un partage, même provisionnel. Dans ce
même cas, la femme peut faire seule un partage lorsque la succession est
mobilière; mais lorsque la succession comprend des immeubles, ou lorsque
le partage est judiciaire, elle a besoin de l'autorisation de son mari ou de
la justice.

Formalités du partage. — Apposition des scellés.

L'apposition des scellés est la première opération préliminaire du partage; cette mesure est très importante dans le cas où parmi les héritiers il
se trouve des mineurs, des absents. Dans le cas contraire, elle n'est plus
nécessaire, puisque les héritiers peuvent veiller par eux-mêmes à la conservation de la chose héréditaire. Cependant, si l'apposition était requise
par un seul des héritiers ou prétendants, elle devrait être faite.

Si les parties ne s'accordent pas entre elles, s'il y a des mineurs, des
interdits, des non-présents, le partage doit être fait en justice, et les scellés
posés dans le plus bref délai, soit à la requête des héritiers, soit à la dili-
gence du ministère public, soit d'office par le juge de paix compétent (819).

Les créanciers peuvent requérir l'apposition des scellés pour empêcher
la soustraction des effets mobiliers, mais il faut qu'ils aient un titre exécutoire ou une permission du juge pour que la légitimité de leur créance puisse
être bien établie. Lorsque les scellés ont été apposés, tout créancier, por-
teur ou non d'un titre exécutoire, peut former opposition à ce qu'ils soient
levés en dehors de leur présence; mais cette opposition doit être motivée,
à peine de nullité.

En matière de partage, le tribunal compétent est celui du lieu de
l'ouverture de la succession. Pour éviter les retards qu'apportaient nécessairement dans le partage des contestations incidentes ou l'opposition au
partage faite par l'un des héritiers, le tribunal y statue comme en matière
sommaire. Le jugement qui fera droit à la demande doit commettre un notaire pour les opérations, et, s'il y a lieu, un juge-commissaire, sur le
rapport duquel seront jugées les difficultés qui s'élèveront.

Si parmi les biens à partager il y a des immeubles, le tribunal, par le jugement qui prononce sur la demande en partage, en ordonne le partage s'il peut avoir lieu, ou la vente par licitation. En cas de licitation, le tribunal fixe la mise à prix de chacun des immeubles à vendre et les conditions de la vente. Si le tribunal ordonne le partage, il peut déclarer qu'il y sera procédé sans expertise préalable, même quand il y aurait des mineurs en cause (970, Code de Procéd.) C'est un changement heureux introduit par la loi du 2 juin 1841. Avant cette loi, l'expertise était obligatoire pour tous les partages à faire en justice, et entraînait des frais considérables. L'expertise n'est plus, aujourd'hui, que facultative. Lorsque le tribunal l'ordonne, il commet un ou trois experts qui prêtent serment, soit devant le président du tribunal, soit devant un juge de paix commis par lui.

Les immeubles ou les meubles étant estimés, ou ayant été vendus si la vente en a été jugée nécessaire, il reste, pour déterminer la masse de la succession, à liquider les droits des co-héritiers. La liquidation se fait devant le notaire commis par le tribunal. On procède, devant ce notaire, aux comptes que les co-partageants peuvent se devoir à raison, par exemple, de l'administration des biens de la succession ou des dépenses faites par l'un des co-héritiers dans l'intérêt de tous ; chacun prélève ce qui peut lui être dû à titre de legs , par préciput ou reliquat de compte. Après ces prélèvements, il est procédé, sur ce qui reste dans la masse, à la composition d'autant de lots égaux qu'il y a d'héritiers co-partageants ou de souches co-partageantes (831). On doit éviter les morcellements, faire entrer autant que possible la même quantité de meubles et d'immeubles (832). L'inégalité des lots en nature se compense par un retour, soit en rente, soit en argent appelé *soulte*. La soulte est privilégiée (art. 2109). Tous les co-héritiers étant présents et capables, si les lots ne sont pas faits par l'un d'eux, ils le sont par un expert nommé par le juge commissaire. Chaque co-partageant est admis à proposer ses réclamations contre la formation des lots.

Dans les partages judiciaires, le tribunal, à la requête du co-héritier le plus diligent , ordonnera le tirage des lots devant un notaire ou le juge commissaire. Chaque héritier prend les titres qui sont particuliers aux biens qui lui sont échus. Les titres d'une propriété divisée vont à celui qui en a la plus grande part ; les titres communs à l'hérédité entière sont confiés à l'un des héritiers choisi par tous les autres, ou à défaut par le tribunal.

Retrait successoral. —Le législateur, pour empêcher les étrangers de s'immiscer dans le secret des familles, et pour éviter les contestations que pourrait faire naître dans le partage l'avidité des spéculateurs, a permis aux co-héritiers d'écarter les cessionnaires de droits successifs, en leur remboursant le prix de la cession, et les frais et loyaux coûts du contrat. Le cessionnaire à titre gratuit devrait, selon nous, ne pas être écarté, car on ne peut lui supposer la cupidité d'un cessionnaire à titre onéreux.

SECTION II.

Des rapports.

Le rapport est « la réunion réelle ou fictive, à la masse de l'hérédité, des objets donnés par le défunt à l'un de ses héritiers, afin que cette masse soit partagée également sur les proportions établies par la loi. » On présume que ce partage égal est conforme à la volonté du défunt, jusqu'à preuve contraire, cependant. Devant cette preuve, la présomption de la loi s'évanouit. Il faut alors que la dispense du rapport ou la clause de préciput et hors part soit expressément indiquée dans l'acte de la donation ou dans un acte postérieur. Cette dispense n'aura d'effet que jusqu'à concurrence de la quotité disponible : l'excédant est toujours sujet à réduction.

Le rapport est dû par tout héritier direct ou collatéral, même bénéficiaire, et non-seulement par celui qui était héritier présomptif au moment de la donation, mais encore par celui qui, ne l'étant pas alors, se trouve l'être au jour de l'ouverture de la succession, si la disposition ne renferme pas une clause de dispense. Le rapport n'est dû que par l'héritier qui a reçu personnellement la donation ; de là plusieurs conséquences contenues dans les art. 847, 848, 849, C. Nap.

La réunion sur la même tête des deux qualités d'héritier et de gratifié, donne seule ouverture à l'obligation du rapport. Si donc le successible ne vient pas à la succession, s'il renonce, il doit être entièrement assimilé à un gratifié étranger. Il peut retenir le don ou réclamer le legs à lui fait, jusqu'à concurrence de la quotité disponible ; c'est ce que dit formellement l'art. 845.

Le rapport ne se fait qu'à la succession du donateur (850). Il faut donc en conclure que le donataire venant à la succession de l'héritier du donateur, ne doit pas rapporter. L'héritier doit rapporter les dons à lui faits directement et même indirectement; il doit le rapport de ce qui a été employé pour son établissement, par exemple : pour lui acquérir une étude, un fonds de commerce.

Le prix des dettes payées, d'un remplaçant acheté, la dot, doivent être rapportés. Les frais d'éducation, d'entretien, d'apprentissage, ne le sont pas.

Une obligation est éteinte, si la chose due vient à périr sans la faute du débiteur; aussi l'immeuble qui a péri par cas fortuit n'est pas sujet au rapport. Les fruits et intérêts des choses sujettes au rapport ne sont dus que du jour de l'ouverture de la succession; mais ils sont dus de plein droit.

Le rapport n'est dû que par le co-héritier à son co-héritier, puisque l'obligation du rapport n'a d'autre but que de maintenir l'égalité entre les héritiers; il n'est dû ni aux légataires, ni aux créanciers de la succession (art. 857).

Comment s'opère le rapport?

Le rapport se fait de deux manières :

1° En nature, lorsque l'objet même donné par le défunt est remis à la masse commune;

2° En moins prenant, lorsque l'héritier est obligé de précompter le montant du don à lui fait sur sa portion héréditaire. Dans le premier cas, le rapport est réel; dans le second, il est fictif.

Le rapport en nature n'a lieu qu'à l'égard des immeubles; il se fait toutes les fois que l'immeuble donné n'a pas été aliéné par le donataire, et qu'il n'y a pas dans la succession d'immeuble de même nature, valeur et bonté dont on puisse former des lots à peu près égaux pour les autres co-héritiers (art. 859). Si le donataire avait aliéné l'immeuble, l'aliénation ne serait pas nulle, le rapport se ferait en moins prenant; mais il faut que l'immeuble ait été aliéné avant l'ouverture de la succession. On doit tenir compte au donataire des dépenses nécessaires et des dépenses utiles. Lorsque le rapport se fait en nature, tous les droits réels consentis par l'héritier s'évanouissent.

Un débiteur ne pouvant être contraint à l'exécution de son obligation, si son créancier n'exécute pas de son côté les obligations dont il peut être tenu, lorsque le rapport d'un immeuble se fait en nature, le donataire peut en retenir la possession jusqu'au remboursement des sommes qui lui sont dues pour dépenses nécessaires ou utiles (art. 867).

Le rapport du mobilier se fait toujours en moins prenant (868). Sa prompte dégradation a engagé le législateur à ne pas en admettre le rapport en nature ; de sorte que la perte, bien qu'arrivée sans la faute du donataire, est à sa charge. La valeur rapportée doit être celle du mobilier au moment de la donation. Lorsque le rapport doit se faire en moins prenant, l'héritier abandonne, jusqu'à concurrence de ce qu'il est obligé de rapporter, d'abord des meubles, puis des immeubles de la succession (869).

SECTION III.

Du paiement des dettes.

Lorsqu'il n'y a qu'un seul héritier et que la succession a été acceptée purement et simplement, il n'y a pas de difficultés. L'héritier est seul débiteur, même sur ses biens personnels. S'il est héritier sous bénéfice d'inventaire, il n'est tenu que jusqu'à concurrence des biens de la succession. Le légataire à titre universel contribue au prorata de son émolument ; mais le légataire particulier n'est pas tenu des dettes, sauf cependant l'action hypothécaire sur l'immeuble légué (871). — Mais la loi le subroge aux droits du créancier hypothécaire qu'il a payé.

Les difficultés se présentent quand on suppose plusieurs héritiers du défunt. Le principe d'où l'on doit partir, c'est que les dettes, comme les créances, se divisent de plein droit entre les co-héritiers. Dans chacune des dettes divisibles, chaque héritier est tenu d'une portion corrélative à sa part héréditaire. L'obligation aux dettes ne peut pas être modifiée par les héritiers ; mais ils peuvent changer la manière d'y contribuer, de telle sorte, par exemple, qu'un seul des co-copartageants soit obligé, envers ses co-héritiers, à l'acquittement total de la dette. Si les immeubles d'une succession sont grevés d'hypothèques pour le service d'une rente, l'héritier dans le lot duquel tomberaient ces immeubles serait obligé de payer la totalité des arrérages de la dette, puisque l'hypothèque est indivisible, sauf le recours qu'il aurait contre les autres héritiers pour les faire contribuer au paiement. Pour éviter ces actions récursoires et les pertes que supporterait l'héritier qui a payé les arrérages, si ses co-héritiers devenaient insolvables, la loi accorde à chacun des co-héritiers le droit d'exiger que les rentes soient remboursées et les immeubles rendus libres avant qu'il soit procédé à la formation des lots. Si les co-héritiers partagent la succession dans l'état où elle se trouve, l'immeuble grevé doit être estimé au même taux que les autres immeubles ; sur le prix total on déduit le capital de la rente, et l'héritier dans le lot duquel tombe cet immeuble, demeure seul chargé du service de la rente et il doit en garantir ses co-héritiers. Ces conventions, en effet, n'ôtent pas au créancier le droit de poursuivre chaque co-héritier pour sa part (872). — Quand un héritier a payé au-delà de sa part personnelle de la dette, il a un recours contre ses co-héritiers pour la part que chacun d'eux doit supporter définitivement. L'héritier bénéficiaire seul pourrait, après avoir en qualité de tiers-détenteur acquitté une dette hypothécaire de la succession, exercer, conformément au droit commun, le recours qu'il aurait comme subrogé à la créance.

L'art. 878 décide que tout créancier du défunt, et il faut ajouter tout légataire (la loi du 11 brum. an VII), peuvent demander, contre tout créancier, la séparation du patrimoine du défunt d'avec celui de l'héritier. L'art. 2111 a soumis le privilége de la séparation à la nécessité d'une inscription. Les créanciers de l'héritier ne sont point admis à demander la séparation des patrimoines contre les créanciers de la succession (884). En effet, les créanciers de la succession ont eu nécessairement égard à l'esprit d'ordre, à la bonne foi du défunt. Les créanciers d'un co-partageant peuvent intervenir au partage des biens héréditaires, afin d'empêcher qu'il ne se fasse en fraude de leurs droits (882). — Tout partage effectué nonobstant l'opposition faite par le créancier est nul.

SECTION IV.

Des effets du partage et de la garantie des lots.

Nous avons dit que le partage était déclaratif de propriété. Chaque héritier est censé avoir succédé seul et immédiatement à tous les biens qui sont tombés dans son lot ou à lui échus sur licitation, et n'avoir jamais été co-propriétaire des autres biens de la succession (883). Il résulte de ce principe que les immeubles échus par le partage à l'un des héritiers, ne demeurent pas grevés dans ses mains des hypothèques qui auraient été constituées par les autres héritiers. La fiction de la loi, qui fait le partage déclaratif de propriété, cesse lorsqu'il s'agit de régler les rapports des co-héritiers entre eux. La garantie est respectivement due par chaque héritier pour les évictions dont la cause est antérieure au partage; car, à partir de cette dernière époque, la chose est aux risques et périls de celui des co-partageants à qui elle est échue. Lorsqu'il y a éviction, la succession éprouve une perte, et cette perte doit être supportée proportionnellement par les co-héritiers; si l'un est insolvable, sa part doit être répartie entre tous les héritiers solvables. Les co-héritiers, pour sûreté de cette action en garantie, ont un privilége sur les immeubles de la succession ; ils en ont un également pour les retours de lots et le prix de la licitation. Les héritiers ne sont tenus de la solvabilité du débiteur d'une rente, que pendant les cinq ans qui suivent le partage, et encore faut-il que cette insolvabilité soit survenue avant le partage.

SECTION V.

De la rescision en matière de partage.

Comme tous les contrats (1109), les partages peuvent être rescindés pour cause de violence. Ils sont également rescindables pour dol (887). La lésion, lorsqu'elle est de plus d'un quart, peut aussi le faire rescinder, car le partage n'a jamais lieu en vue d'une spéculation. Pour juger s'il y a lésion, il faut estimer les objets de la succession eu égard à leur valeur au moment du partage, car la lésion ne peut exister qu'à cette époque.

L'action en rescision est admise contre tout acte qui a pour objet de faire cesser l'indivision entre les co-héritiers; mais il n'en serait plus ainsi si, après le partage achevé, les parties avaient transigé sur les difficultés réelles qui s'y seraient élevées. La vente des droits successifs étant un contrat aléatoire, n'est pas soumise à la rescision.

Le défendeur à la demande en rescision, qui n'est coupable ni de dol, ni de violence, pourra empêcher un nouveau partage en fournissant au demandeur le supplément de sa portion héréditaire, soit en numéraire, soit en nature (894).

L'héritier qui a aliéné son lot ou partie de son lot, postérieurement à la découverte du dol ou à la cessation de la violence, n'est plus admis à provoquer un nouveau partage, car il s'est mis, d'une part, dans l'impossibilité d'effectuer le rapport, et, de l'autre, il est censé avoir ratifié tacitement le partage.

POSITIONS.

I. Un testateur peut-il imposer à ses héritiers l'obligation de rester dans l'indivision pendant cinq ans ? — Non.

II. Le mari, quoiqu'il n'ait sur les biens dotaux échus à sa femme qu'un simple droit de jouissance, n'a-t-il pas cependant qualité pour provoquer et faire, *sans le concours de sa femme,* un partage, non pas simplement *provisionnel,* mais définitif? — Non.

III. Quand le retrayant a obtenu le retrait pour une somme moins considérable que la valeur réelle des droits successifs cédés, peut-il garder pour lui ce bénéfice de l'opération, ou faut-il qu'il y fasse participer les autres co-héritiers ? — Il peut garder pour lui le bénéfice.

IV. Le retrait peut-il être exercé contre les cessionnaires à titre gratuit ? — Non.

V. Les frais d'éducation ne peuvent-ils pas être rapportés quand ils ont été avancés pour un seul enfant, en disproportion avec la fortune du père? — Ils le peuvent suivant les circonstances.

VI. Les meubles incorporels, tels qu'une créance, une rente, doivent-ils être rapportés comme les immeubles ou comme les meubles corporels.

PROCÉDURE CIVILE.

**De la saisie-gagerie. — De la saisie sur débiteur forain. —
De la saisie-revendication.**

Par l'art. 2102 du Code Napoléon, la loi accorde aux propriétaires et
principaux locataires un privilége pour les loyers ou fermages sur les fruits
de la récolte de l'année, et sur le prix de tout ce qui garnit la maison ou la
ferme, ou qui sert à l'exploitation de cette dernière.

Le Code de Procédure garantit les effets de ce privilége aux propriétaires
et principaux locataires, en leur donnant un moyen prompt et facile de
conserver ces objets jusqu'à ce qu'ils aient obtenu un jugement de condamnation contre leur débiteur. Ce moyen est la *saisie-gagerie*, ainsi nommée
parce que les choses saisies, ne pouvant être déplacées ni enlevées, devien-
nent un gage réel et assuré de la créance du saisissant.

L'art. 819, Code de Procédure, fait connaitre l'objet de la saisie-gagerie et en trace les règles : — « Les propriétaires et les principaux locataires de maisons ou biens ruraux, soit qu'il y ait bail, soit qu'il n'y en ait pas (c'est-à-dire soit qu'il y ait bail écrit ou simplement bail verbal), peuvent, un jour après le commandement et sans permission du juge, faire saisir-gager, pour les loyers et fermages échus, les effets et fruits étant dans lesdites maisons ou bâtiments ruraux et sur les terres. — Ils peuvent même faire saisir-gager à l'instant, en vertu de la permission qu'ils en auront obtenue, sur requête du président du Tribunal de première instance. — Ils peuvent aussi saisir les meubles qui garnissaient la maison ou la ferme, lorsqu'ils ont été déplacés sans leur consentement ; et ils conservent sur eux leur privilége, pourvu qu'ils en aient fait la revendication conformément à l'article 2012 du Code Napoléon. »

Le commandement, contrairement aux règles générales, peut donc ici être fait sans titre exécutoire. Le commandement préalable est donc inutile, lorsqu'on a la permission du juge. La permission doit être accordée par le juge de paix, lorsque la demande en validité de saisie doit être portée devant lui. (Loi du 25 mai 1838, art. 10, modifiant l'art. 819.)

Le droit d'user de la saisie-gagerie n'est pas limité aux effets apportés dans les lieux loués par le preneur direct ; les effets des sous-locataires, dit l'art. 820, peuvent être saisis-gagés pour les loyers et fermages dus par le locataire au fermier principal ; mais ils obtiendront main-levée en justifiant qu'ils ont payé sans fraude et sans qu'ils puissent opposer des paiements faits par anticipation. Le bailleur à cheptel peut user de saisie-gagerie sur les animaux qui font l'objet du cheptel et sur leurs produits.

La saisie-gagerie se fait comme la saisie-exécution, et s'il y a des fruits, comme la saisie-brandon ; mais cette saisie des fruits peut toujours être faite sans commandement préalable, moyennant la permission du juge. L'art. 598 permet de confier au saisi la garde des meubles exécutés, demeurant son consentement et celui du saisissant. Ici le saisi peut être constitué gardien malgré lui ; il est tenu par corps de la représentation des effets. Si le bail avait été contracté par une femme ou par un mineur émancipé, comme la contrainte par corps ne saurait les atteindre, l'huissier serait responsable de la garde qu'il leur aurait laissée.

La saisie-gagerie est empruntée du Droit romain ; elle a toujours été considérée comme digne de la plus grande faveur, à raison de l'origine et de la nature des créances qu'elle tend à assurer, et qui, dans tous les temps, ont été privilégiées.

De la saisie sur débiteur forain.

On entend par débiteur forain, celui qui n'a ni domicile, ni habitation dans la commune du créancier, où il ne s'est trouvé qu'accidentellement. Il ne faudrait pas croire que la saisie-foraine ne peut être pratiquée que vis-à-vis des individus qui n'ont pas de domicile connu, tels que les étrangers, voyageurs, colporteurs. Il ne faut pas confondre le marchand forain, qui colporte de marché en marché, de foire en foire, avec le débiteur forain, qui est celui qui n'est pas domicilié dans la commune où réside son créancier : c'est celui qui habite *foras*.

Art. 322. Tout créancier, même sans titres, peut, sans commandement préalable, mais avec la permission du président du Tribunal de première instance et même du juge de paix, faire saisir les effets trouvés en la commune qu'il habite, appartenant à son débiteur forain.

La facilité donnée au créancier d'arrêter les meubles de son débiteur forain, trouvés en la commune qu'il habite, est tempérée par la précaution prise par la loi d'exiger, dans tous les cas, la permission du magistrat. Sa sagesse interdira la saisie-foraine, qui ne constituerait qu'une vexation, et autorisera celle qui sera l'exercice d'une juste et légitime réclamation. Le saisissant sera gardien des effets, s'ils sont en ses mains, sinon, il sera établi un gardien. Il arrive souvent que le saisissant a déjà dans ses mains les effets du débiteur; l'aubergiste, par exemple, tient les malles du voyageur : dans ce cas, cependant, le droit de la saisie ne fait pas obstacle au droit de réten-tion ; mais il peut avoir quelque avantage à user de la saisie : 1° à dater de cette saisie il peut réclamer des frais de garde; 2° le droit de rétention ne pourrait jamais l'autoriser à faire vendre les effets dont la conservation peut être difficile.

La saisie-foraine admet les mêmes formes que la saisie-gagerie des effets mobiliers, si ce n'est qu'il y a, en tous cas, dispense de commandement, mais nécessité de permission du juge. Enfin, les règles communes à ces deux

saisies sont : 1° on ne peut vendre les effets qu'après jugement de validité ;
2° la vente et distribution du prix sont faites comme par suite d'une saisie-exécution ; 3° les gardiens doivent représenter les effets sous peine de la contrainte par corps.

De la saisie-revendication.

Revendiquer, c'est demander judiciairement une chose sur laquelle nous avons un droit réel et qui est détenue par un tiers. Mais c'est toujours une chose grave que de s'introduire dans le domicile d'une personne pour y chercher des objets dont on se dit propriétaire. Aussi, pour que cette faculté r.e dégénère pas en violation de domicile, l'art. 826 nous dit : « Il ne pourra être procédé à aucune saisie revendication qu'en vertu d'ordonnance du président du Tribunal de première instance rendue sur requête; et ce, à peine de dommages-intérêts, tant contre la partie, que contre l'huissier qui aura procédé à la saisie.

Cette disposition doit être observée dans tous les cas où la loi permet la revendication. Lorsque, par exemple, on recherche un objet qu'on croit avoir perdu ou avoir été volé et dont on se dit propriétaire; lorsqu'on recherche des objets sur lesquels la loi accorde à des créanciers privilégiés une espèce de droit de suite : l'acte par lequel ce droit est exercé, est la saisie-revendication.

La revendication, en matière de faillite, est soumise à des règles spéciales indiquées dans l'art. 579, C. de Com.

Toute requête à fin de saisie-revendication désignera sommairement les effets (827).

Le juge pourra permettre la saisie-revendication, même les jours de fête légale (828). Il s'agit en effet, ici, d'une mesure urgente.

Comme le détenteur de la chose a ordinairement pour lui la présomption de la propriété, si elle n'est pas détruite par un titre qui fasse voir que sa possession n'est que précaire, une grande circonspection est nécessaire pour permettre la saisie; aussi l'art. 826 exige-t-il, sinon qu'il faille toujours l'exhibition d'un acte, du moins que l'autorisation d'y procéder soit précédée d'un examen judiciaire.

Si celui chez lequel sont les effets qu'on veut revendiquer refuse les portes, ou s'oppose à la saisie, il en sera référé au juge; et cependant il sera sursis à la saisie, sauf au requérant à établir garnison aux portes (829).

Pour la saisie-revendication on emploiera les mêmes formes que pour la saisie-exécution; mais celui chez qui elle est faite pourra être constitué gardien, et cela même sans son consentement, comme dans le cas de saisie-gagerie.

C'est devant le tribunal du domicile du tiers-saisi, en d'autres termes, du lieu où la saisie est faite, que la demande en validité doit être portée, à moins qu'elle ne soit connexe à une instance déjà introduite devant un autre tribunal. Si la demande en validité est principale, elle est formée, soit par le procès-verbal de saisie, soit par exploit séparé; — si elle est incidente, elle est formée par un simple acte, comme toutes les demandes de cette nature; — si elle est connexe à une demande sur laquelle il y a instance introduite, et que la personne contre qui la saisie a été faite ne soit pas aux qualités, dans cette instance, il y a lieu à assigner cette personne par exploit. La demande en validité n'est pas soumise au préliminaire de la conciliation.

Quand la saisie-gagerie et la saisie-foraine sont déclarées valables, elles doivent nécessairement être suivies de la vente. Il n'en est pas toujours ainsi de la saisie-revendication. Le jugement qui la valide autorise le saisissant à reprendre les objets saisis, quand ils sont sa propriété; la vente ne doit être ordonnée que lorsqu'il s'agit d'une revendication improprement dite pratiquée par un créancier privilégié.

POSITIONS.

I. Quel est le sens du mot *commandement,* dans l'art. 819?

II. Que doit-on entendre par débiteur forain?

III. Dans la saisie-revendication le saisi peut-il être constitué gardien malgré lui? — Oui.

DROIT CRIMINEL.

De l'audition des témoins devant la Cour d'assises.

(CODE D'INSTR. CRIM., 345 à 333.)

La liste des témoins à entendre est présentée par le procureur général et lue à haute voix par le greffier. Elle ne contient que les noms des témoins dont la désignation a été notifiée, au moins vingt-quatre heures à l'avance, soit à l'accusé par le procureur général ou la partie civile, soit, à l'inverse, au procureur général par l'accusé. Ce délai de vingt-quatre heures est nécessaire pour permettre aux parties de recueillir les renseignements convenables. Cependant, dans le cours des débats, on pourra faire entendre un témoin, pourvu que son nom ait été notifié vingt-quatre heures avant son audition. S'il n'y a pas eu notification, les témoins ne doivent pas prêter serment; leurs dépositions seront considérées comme de simples renseignements (269).

Les témoins une fois appelés, le président les fera retirer dans une pièce
à ce destinée, pour qu'ils n'assistent pas aux dépositions; il pourra même
les séparer.

Art. 317 : « Avant de déposér, les témoins prêteront, à peine de nullité,
le serment de parler sans haine et sans crainte, de dire toute la vérité et rien
que la vérité. Le président leur demandera leurs noms, prénoms, âge, pro-
fession, leur domicile ou résidence; s'ils connaissaient l'accusé avant le fait
mentionné dans l'acte d'accusation; s'ils sont parents ou alliés, soit de l'accusé, soit de la partie civile, et à quel degré; il leur demandera encore s'ils
ne sont pas attachés au service de l'un ou de l'autre. Cela fait, les témoins
déposeront oralement. »

Il ne faut pas conclure de ce que le président doit demander au témoin s'il
est parent ou allié, soit de la partie civile, soit de l'accusé, que la réponse
affirmative du témoin soit une cause de récusation. Il faut distinguer : l'article 322 interdit le témoignage à certains parents ou alliés de l'accusé; quant
aux parents ou alliés de la partie civile, il n'existe à leur égard aucune espèce d'incapacité. La partie civile, en effet, ne joue, dans les matières cri-
minelles, qu'un rôle accessoire et secondaire. La partie principale, c'est le
ministère public représentant la vindicte publique.

L'art. 363 du Code du 3 brumaire an IV, prohibait la lecture à l'audience
de la déposition écrite d'un témoin qui ne serait pas présent dans les débats
publics. Cet article n'ayant pas été rapporté dans le Code, on en a généralement conclu qu'en cas de mort ou de maladie, après l'instruction et avant
les débats, on pourra lire à l'audience la déposition écrite reçue par le juge
d'instruction. Cependant, comme la loi dit que les témoins déposeront oralement, la question paraît en droit très controversable.

Le greffier, en général, ne mentionne pas les dépositions; mais il doit,
sur l'ordre du président, noter les contradictions entre la déposition écrite
et la déposition orale. Cette constatation avertit le témoin que la trace de
ses paroles n'est pas perdue et pourra plus tard servir aux poursuites de
faux témoignage.

C'est le président qui a la mission d'interroger chaque témoin. Cette disposition de la loi pèche en ce que la plupart du temps le président n'aura pas
pu connaître les affaires dont il est chargé, assez bien pour faire jaillir la

4

vérité des questions qu'il adresse aux témoins. Il est vrai que la partie civile et l'accusé pourront, par son organe, faire au témoin les interpellations qu'il aurait négligées. Les jurés, les membres de la Cour peuvent, sans détour, interpeller le témoin ; il leur suffit de demander la parole au président.

L'accusé pourra, s'il croit que c'est nécessaire à sa cause, faire entendre des témoins à décharge. Ces témoins seront à ses frais, à moins qu'il n'y ait partie civile et que l'accusé soit acquitté, ou qu'ils n'aient été assignés, sur la proposition de l'accusé ou de son conseil, par le procureur général. L'article 322 énumère les personnes qui ne peuvent être entendues comme témoins, et il ajoute que l'audition de ces personnes n'opèrera pas une nullité lorsque aucune des parties intéressées ne se sera opposée à leur audition.

L'accusé pourra demander, après qu'ils auront déposé, que ceux qu'il désignera se retirent de l'auditoire, et qu'un ou plusieurs d'entre eux soient introduits et entendus de nouveau, soit séparément, soit en présence les uns des autres. Le procureur général aura la même faculté. Le président pourra aussi l'ordonner d'office.

Du faux témoignage. — Art 330. Si d'après les débats la déposition d'un témoin paraît fausse, le président pourra, sur la réquisition, soit du procureur général, soit de la partie civile, soit de l'accusé et même d'office, faire sur le champ mettre le témoin en état d'arrestation. Le procureur général et le président ou l'un des juges par lui commis rempliront à son égard, le premier, les fonctions de police judiciaire ; le second, les fonctions attribuées au juge d'instruction dans les autres cas. Les pièces d'instruction seront ensuite transmises à la Cour d'appel, pour y être statué sur la mise en accusation.

Il n'est pas nécessaire, pour appliquer l'art. 330, que la clôture des débats soit prononcée, le témoin pourrait trop facilement se soustraire aux poursuites ; le président doit le faire au moment même de sa déposition ; car, bien qu'aucune décision ne puisse être rendue en matière criminelle que sur la requête du ministère public, cette règle souffre exception en cas de flagrant délit, et il y a ici flagrant délit de faux témoignage. Le procureur général remplira dans ce cas le rôle que joue dans l'instruction ordinaire le procureur impérial. Les parties intéressées pourront requérir, et la cour ordonner même d'office le renvoi de l'affaire à la prochaine session. On voit quelle influence peut avoir le soupçon de faux témoignage, il peut faire surseoir à tous débats ultérieurs. Mais il faut remarquer que la loi se sert de termes purement facultatifs, de sorte que la Cour pourrait ne pas juger l'influence du témoignage présumé faux assez importante pour autoriser un renvoi. Mais c'est toujours à la Cour et non au président qu'appartient le pouvoir de prononcer le renvoi. La gravité des conséquences qu'il peut entraîner est cause de cette disposition de la loi. L'art. 445 vient compléter l'art. 331. Il dit que, après la condamnation de l'accusé, si le faux témoin à charge est condamné, la Cour de cassation devra annuler la condamnation rendue contre le premier accusé, pour le faire juger de nouveau devant une autre Cour d'assises.

Les art. 332 et 333 traitent de la nomination d'un interprète donné à l'accusé ou au témoin qui ne parleraient pas la langue française, et de celui donné au sourd-muet qui ne saurait pas écrire. La nomination de l'interprète et la prestation de serment sont exigées à peine de nullité. Les parties qui figurent aux débats peuvent récuser l'interprète, en confiant à la Cour l'appréciation des motifs de la récusation. Il semble assez naturel de ne pas recevoir comme interprètes les personnes dont l'art. 322 écarte le témoignage.

Vu par le Président de la Thèse,
DELPECH.

Cette Thèse sera soutenue, en séance publique, le 16 août 1858, dans une des salles de la Faculté.

Typogr. BAYRET, PRADEL et Ce, Place de la Trinité, 12.

www.ingramcontent.com/pod-product-compliance
Ingram Content Group UK Ltd.
Pitfield, Milton Keynes, MK11 3LW, UK
UKHW022335170726
13837UKWH00005BA/2286